Anne LOISEAU

HIMMLISCH LEICHT UND LUFTIG LOCKER
ANGELCAKES

Fotografien von **EMANUELA CINO**

Edition Fackelträger

BACKFORMEN 4
ZUTATEN 6
FARBEN UND AROMEN 8
DEKO 10

Angel Cakes für jeden Geschmack und zu jeder Gelegenheit

BISKUIT MIT BUTTERCREME 12	GRÜNE ÄPFEL 43
ROSA BISKUITS 14	KAROTTEN UND FRISCHKÄSE 44
ERDBEEREN UND VEILCHEN 16	AHORNSIRUP UND NÜSSE 46
PRALINÉSCHOKOLADE 18	MARSHMALLOWS 49
MANDELN, KARAMELL UND FLEUR DE SEL ... 20	KOKOS UND MANGO 50
ZITRONE 23	ZUCKERSTREUSEL 52
KIRSCHEN 24	LAVENDEL 54
ERDNÜSSE 26	VALENTINSTAG 56
HIMBEEREN UND VANILLE 28	OSTERN 59
STRACCIATELLA 31	ORANGENBLÜTEN 60
HONIG UND PISTAZIEN 32	SCHICHTTÖRTCHEN 62
LEBKUCHEN 34	MARMELADENROLLE 65
ERDBEEREN UND BASILIKUM 36	BLUTORANGEN 66
SESAM UND KASTANIEN (GLUTENFREI) 38	ARME RITTER 68
PFIRSICHE 40	TRIFLE 70

Backformen

ANGEL-CAKE-BACKFORMEN AUS METALL ODER SILIKON
Diese Formen haben eine Ausparung in der Mitte der Backform, an der sich der Kuchen beim Backen hochschiebt. Als Ersatz dafür eignen sich auch Tortenringe mit hohem Rand (etwa 4–5 cm) oder einfache Gugelhupfformen. Diese sind im Handel problemlos zu finden.

DIE BACKFORMEN NIEMALS EINFETTEN
Das Fett verhindert, dass die Angel Cakes aufgehen können.

ZUBEREITUNG IM WASSERBAD
Diese sehr schonende Zubereitung verhindert die Krustenbildung an der Seite und ist daher besonders gut für bunte Kuchen geeignet. Die Backformen werden dazu in eine große Bratform gestellt, die 3–4 cm hoch mit kochendem Wasser gefüllt ist und mit dieser in den Backofen geschoben wird. Werden Tortenringe verwendet, müssen dicht schließende Formenböden aus Aluminiumfolie und Deckel aus einer hitzebeständigen Bratfolie gefaltet werden.

NACH DER BACKZEIT
Die Backformen werden zum Auskühlen umgedreht auf ein Küchengitter gestellt. Somit behalten die Kuchen ihre Form und können nicht in sich zusammensacken. Zum Auskühlen ohne Küchengitter die Backformen einfach auf die Seite legen.

NACH DEM AUSKÜHLEN
Mit einem Messer vorsichtig am Rand der Backformen entlangfahren, die Kuchen lösen und aus den Formen gleiten lassen.

Große Angel Cakes

Die Rezepte in diesem Buch sind jeweils für vier kleine Kuchen, gebacken in individuellen Formen, zusammengestellt. Für eine große Angel-Cake-Backform die Zutatenmengen einfach verdoppeln.

Zutaten

Zitronensaft

Er macht den Eischnee schön fest und verhindert, dass dieser bei der weiteren Zubereitung zu schnell zusammenfällt.

Mehl und Zucker

Das Geheimnis, locker-leichte Angel Cakes zuzubereiten, ist, Mehl und Zucker zu sieben.

MEHL

▸ ZUCKER

▸ EISCHNEE

Was passiert mit dem Eigelb?

Eigelb hält sich in einem kleinen Gefäß mit etwas Wasser bedeckt im Kühlschrank 1–2 Tage frisch. Es lässt sich wunderbar verwenden für eine Englische Creme, Sauce hollandaise, Crème Catalane …

Weinsteinbackpulver

½ TL davon macht den Eischnee fest und die Angel Cakes schön luftig locker.

Vanilleschote

Ihr ausgekratztes Mark bringt viel Aroma.

Farben und Aromen

LEBENSMITTELFARBEN FLÜSSIG, ALS PULVER ODER ALS GEL

Die Farben können nach eigenem Geschmack ausgewählt werden. Für die nachfolgenden Rezepte wurden Lebensmittelfarben in Gelform verwendet. Diese sind sehr konzentriert, bereits eine kleine Messerspitze davon direkt in den Eischnee gegeben, lässt den Teig leuchten und lebendig wirken.

NATÜRLICHE AROMEN

Aromen sollten großzügig verwendet werden. Je nach Marke bis zu 1 TL oder, wenn es sich um Konzentrate handelt, einige Tropfen mit der Pipette in den Teig geben. Bitte immer die Packungshinweise zur Dosierung beachten.

Viele weitere Zutaten können verwendet werden

Zuckerstreusel für ein wenig Glitzer im Teig, Gewürze für mehr Pep, Schokoraspel oder Kakao für Naschkatzen ...

Deko

DA DIE ZUBEREITUNG DES TEIGS SEHR EINFACH UND SCHNELL GEHT, BLEIBT GENÜGEND ZEIT, AUS DEN FERTIG GEBACKENEN ANGEL CAKES KLEINE KUNSTWERKE ZU MACHEN. ALLES IST ERLAUBT.

Früchte

in Stücken oder Scheiben, als Marmelade, Kompott, Coulis oder Fruchtcreme bringen immer ein frisches und raffiniertes Aroma mit.

Trockenobst
Weiche oder knusprige Stückchen erzeugen den besonderen Geschmack.

Dekorzucker
oder kleine Süßigkeiten machen kleine und große Naschkatzen glücklich.

Cremes
aus Butter, Sahne oder Frischkäse machen aus Angel Cakes ein verführerisch lockeres Dessert.

4 KUCHEN

ZUBEREITUNGSZEIT
20 MINUTEN
BACKZEIT
30 MINUTEN

Angel cake

90 g Mehl
150 g Zucker
1 TL gemahlene Vanille
6 Eiweiß, zimmerwarm
1 TL Zitronensaft
Salz

FÜR DIE BUTTERCREME
75 g Butter, weich
150 g Puderzucker
1 TL Vanilleextrakt
½ TL gemahlene Vanille

Biskuit mit Buttercreme

▶ Den Backofen auf 160 °C vorheizen.

▶ Das Mehl und die Hälfte des Zuckers in eine Schüssel sieben. Mit 1 Prise Salz und der Vanille vermischen. Die Eiweiße mit dem Handrührgerät in einer großen Schüssel schaumig rühren, den Zitronensaft hinzufügen und dann auf höchster Stufe steif schlagen. Sobald die Masse an Volumen gewinnt, den Rest des Zuckers langsam einrieseln lassen und weiterschlagen, bis der Eischnee zu glänzen beginnt.

▶ Mit einem Schneebesen die trockenen Zutaten nacheinander in drei gleichen Portionen mit langsamen, fließenden Bewegungen vorsichtig unterheben. Nicht schlagen, sonst fällt der Eischnee zusammen.

▶ Den Teig mit einem Esslöffel in die Backformen bis knapp unter die Oberkante füllen. Die Formen leicht auf die Arbeitsfläche aufklopfen, sodass überschüssige Luft entweichen kann und eine glatte Oberfläche entsteht. Luftblasen mit einem Holzstäbchen anstechen.

▶ Die Angel Cakes im vorgeheizten Backofen auf der untersten Schiene 30 Minuten backen. Die Kuchen sind fertig, wenn sie auf leichten Fingerdruck in ihre ursprüngliche Form zurückgehen. Je nach Größe der verwendeten Backformen kann die Backzeit etwas länger sein. Die fertigen Angel Cakes aus dem Ofen nehmen, die Formen umgedreht auf einem Kuchengitter erkalten lassen. Die Kuchen mit einem spitzen Messer vom Rand lösen und aus den Backformen nehmen.

▶ Für die Buttercreme die Butter mit dem Handrührgerät in einer Schüssel schaumig rühren. Den Puderzucker nach und nach in die Schüssel sieben und dabei weiterrühren. Vanilleextrakt und gemahlene Vanille hinzufügen. Falls die Creme zu fest ist, mit 1 EL lauwarmem Wasser geschmeidig rühren.

▶ Die Buttercreme in einen Spritzbeutel oder eine Teigspritze füllen und eine Sterntülle aufsetzen. Die Angel Cakes jeweils mit einer Cremespirale und einer Cremespitze verzieren.

4 KUCHEN

ZUBEREITUNGSZEIT
20 MINUTEN

BACKZEIT
30 MINUTEN

Angel cake

30 g rosa Biskuits (z. B. Biscuits Roses de Reims) oder Löffelbiskuits mit rosa Lebensmittelfarbe eingefärbt (ca. 4 Stück)

60 g Mehl

150 g Zucker

6 Eiweiß, zimmerwarm

1 TL Zitronensaft

1 Msp. rosa Lebensmittelfarbe (Gel)

6 Tropfen rotes Lebensmittelaroma (z. B. Himbeere)

Salz

FÜR DIE BUTTERCREME

75 g Butter, weich

150 g Puderzucker

3 Tropfen rotes Lebensmittelaroma (z. B. Himbeere)

ZUM DEKORIEREN

3 rosa Biskuits

▸ Den Backofen auf 160 °C vorheizen.

▸ Die Biskuits in einem kleinen Küchenmixer zu einem feinen Mehl zerkleinern. Das Mehl, die zermahlenen Biskuits und die Hälfte des Zuckers in eine Schüssel sieben und mit 1 Prise Salz vermischen. Die Eiweiße mit dem Handrührgerät in einer großen Schüssel schaumig rühren. Zitronensaft, Lebensmittelfarbe und -aroma hinzufügen und dann auf höchster Stufe steif schlagen. Sobald die Masse an Volumen gewinnt, den Rest des Zuckers langsam einrieseln lassen und weiterschlagen, bis der Eischnee zu glänzen beginnt.

Rosa Biskuits

▸ Mit einem Schneebesen die trockenen Zutaten nacheinander in drei gleichen Portionen mit langsamen, fließenden Bewegungen vorsichtig unterheben. Nicht schlagen, sonst fällt der Eischnee zusammen.

▸ Den Teig mit einem Esslöffel in die Backformen bis knapp unter die Oberkante füllen. Die Formen leicht auf die Arbeitsfläche aufklopfen, sodass überschüssige Luft entweichen kann und eine glatte Oberfläche entsteht. Luftblasen mit einem Holzstäbchen anstechen.

▸ Die Angel Cakes im vorgeheizten Backofen auf der untersten Schiene 30 Minuten backen. Die Kuchen sind fertig, wenn sie auf leichten Fingerdruck in ihre ursprüngliche Form zurückgehen. Je nach Größe der verwendeten Backformen kann die Backzeit etwas länger sein. Die Kuchen mit einem spitzen Messer vom Rand lösen, aus den Formen nehmen und senkrecht in zwei gleiche Hälften schneiden.

▸ Für die Buttercreme die Butter mit dem Handrührgerät in einer Schüssel schaumig rühren. Den Puderzucker nach und nach in die Schüssel sieben und dabei weiterrühren. Das Lebensmittelaroma hinzufügen. Falls die Creme zu fest ist, mit 1 EL lauwarmem Wasser geschmeidig rühren.

▸ Die Buttercreme in einen Spritzbeutel oder eine Teigspritze füllen und eine halbrunde Tülle aufsetzen. Jeweils zwei Angel-Cake-Hälften etwas versetzt zueinander stellen und die Oberfläche mit Buttercremespitzen verzieren. Die Biskuits in Stücke schneiden und die Kuchen damit dekorieren.

4
KUCHEN
ZUBEREITUNGSZEIT
20 MINUTEN
BACKZEIT
30 MINUTEN

Angel cake

90 g Mehl
150 g Zucker
6 Eiweiß, zimmerwarm
1 TL Zitronensaft
1 Msp. rosa Lebensmittelfarbe (Gel)
6 Tropfen Erdbeeraroma
Salz

FÜR DIE MASCARPONECREME
30 g Butter, weich
1 kleine Msp. rosa Lebensmittelfarbe (Gel)
3 Tropfen Erdbeeraroma
50 g Puderzucker
125 g Mascarpone

ZUM DEKORIEREN
4 Erdbeeren
6 Veilchenbonbons

▶ Den Backofen auf 160 °C vorheizen.

▶ Das Mehl und die Hälfte des Zuckers in eine Schüssel sieben und mit 1 Prise Salz vermischen. Die Eiweiße mit dem Handrührgerät in einer großen Schüssel schaumig rühren. Zitronensaft, Lebensmittelfarbe und Erdbeeraroma hinzufügen und dann auf höchster Stufe steif schlagen. Sobald die Masse an Volumen gewinnt, den Rest des Zuckers langsam einrieseln lassen und weiterschlagen, bis der Eischnee zu glänzen beginnt.

Erdbeeren und Veilchen

▶ Mit einem Schneebesen die trockenen Zutaten nacheinander in drei gleichen Portionen mit langsamen, fließenden Bewegungen vorsichtig unterheben. Nicht schlagen, sonst fällt der Eischnee zusammen.

▶ Den Teig mit einem Esslöffel in die Backformen bis knapp unter die Oberkante füllen. Die Formen leicht auf die Arbeitsfläche aufklopfen, sodass überschüssige Luft entweichen kann und eine glatte Oberfläche entsteht. Luftblasen mit einem Holzstäbchen anstechen.

▶ Die Angel Cakes im vorgeheizten Backofen auf der untersten Schiene 30 Minuten backen. Die Kuchen sind fertig, wenn sie auf leichten Fingerdruck in ihre ursprüngliche Form zurückgehen. Je nach Größe der verwendeten Backformen kann die Backzeit etwas länger sein. Die fertigen Angel Cakes aus dem Ofen nehmen, die Formen umgedreht auf einem Kuchengitter erkalten lassen. Die Kuchen mit einem spitzen Messer vom Rand lösen und aus den Backformen nehmen.

▶ Für die Mascarponecreme Butter, Lebensmittelfarbe und Erdbeeraroma mit dem Handrührgerät in einer Schüssel schaumig rühren. Den Puderzucker nach und nach in die Schüssel sieben und dabei weiterrühren. Den Mascarpone einarbeiten.

▶ Die Mascarponecreme in einen Spritzbeutel oder in eine Teigspritze füllen und eine Sterntülle aufsetzen. Auf jeden Angel Cake in die Mitte eine Erdbeere setzen und rundherum mit kleinen Cremespitzen verzieren. Die Veilchenbonbons auf eine harte Arbeitsunterlage legen und mit einem schweren Topfboden zerkleinern. Die Angel Cakes mit den Bonbonsplittern dekorieren.

4
KUCHEN
ZUBEREITUNGSZEIT
20 MINUTEN
BACKZEIT
30 MINUTEN
RUHEZEIT
20 MINUTEN

Angel cake

70 g Mehl
150 g Zucker
30 g ungezuckertes Kakaopulver
6 Eiweiß, zimmerwarm
1 TL Zitronensaft
3 EL Haselnuss-
oder Mandelkrokant
Salz

FÜR DIE SCHOKOLADENCREME
200 g Sahne
100 g Pralinéschokolade

ZUM DEKORIEREN
2 EL Haselnuss-
oder Mandelkrokant

▶ Den Backofen auf 160 °C vorheizen.

▶ Das Mehl und die Hälfte des Zuckers in eine Schüssel sieben. Mit 1 Prise Salz und dem Kakaopulver vermischen. Die Eiweiße mit dem Handrührgerät in einer großen Schüssel schaumig rühren, den Zitronensaft hinzufügen und dann auf höchster Stufe steif schlagen. Sobald die Masse an Volumen gewinnt, den Rest des Zuckers langsam einrieseln lassen und weiterschlagen, bis der Eischnee zu glänzen beginnt.

Pralinéschokolade

▶ Mit einem Schneebesen die trockenen Zutaten nacheinander in drei gleichen Portionen und den Krokant mit langsamen, fließenden Bewegungen vorsichtig unterheben. Nicht schlagen, sonst fällt der Eischnee zusammen.

▶ Den Teig mit einem Esslöffel in die Backformen bis knapp unter die Oberkante füllen. Die Formen leicht auf die Arbeitsfläche aufklopfen, sodass überschüssige Luft entweichen kann und eine glatte Oberfläche entsteht. Luftblasen mit einem Holzstäbchen anstechen.

▶ Die Angel Cakes im vorgeheizten Backofen auf der untersten Schiene 30 Minuten backen. Die Kuchen sind fertig, wenn sie auf leichten Fingerdruck in ihre ursprüngliche Form zurückgehen. Je nach Größe der verwendeten Backformen kann die Backzeit etwas länger sein. Die fertigen Angel Cakes aus dem Ofen nehmen, die Formen umgedreht auf einem Kuchengitter erkalten lassen. Die Kuchen mit einem spitzen Messer vom Rand lösen und aus den Backformen nehmen.

▶ Für die Schokoladencreme die Sahne in einem kleinen Topf kurz aufkochen. Die Schokolade im Wasserbad zum Schmelzen bringen oder für 30 Sekunden in die Mikrowelle stellen und glatt rühren. Die heiße Sahne in zwei Etappen mit einem Schneebesen in die Schokolade einrühren, bis eine geschmeidige Creme entsteht. Abkühlen lassen.

▶ Die Schokoladencreme in einen Spritzbeutel oder eine Teigspritze füllen, eine Sterntülle aufsetzen und etwa 20 Minuten in den Kühlschrank stellen. Die Angel Cakes mit der Schokoladencreme verzieren und mit Krokant bestreuen.

4

KUCHEN

ZUBEREITUNGSZEIT
20 MINUTEN

BACKZEIT
40 MINUTEN

Angel cake

30 g gemahlene Mandeln

70 g Mehl

150 g Zucker

1 TL gemahlene Vanille

6 Eiweiß, zimmerwarm

1 TL Zitronensaft

Salz

FÜR DIE KARAMELLISIERTEN MANDELN

30 g Zucker

80 g Mandeln

1 TL Fleur de Sel
zzgl. etwas zum Dekorieren

FÜR DIE KARAMELLSAUCE

80 g Zucker

10 g Butter, in Würfel geschnitten

120 g Sahne

20

Mandeln, Karamell und Fleur de Sel

▶ Den Backofen auf 160 °C vorheizen. Die Mandeln auf einem Backblech verteilen und im Backofen 10 Minuten rösten. Abkühlen lassen.

▶ Mehl, Mandeln und die Hälfte des Zuckers in eine Schüssel sieben. Mit 1 Prise Salz und der Vanille vermischen. Die Eiweiße mit dem Handrührgerät in einer großen Schüssel schaumig rühren, den Zitronensaft hinzufügen und dann auf höchster Stufe steif schlagen. Sobald die Masse an Volumen gewinnt, den Rest des Zuckers langsam einrieseln lassen und weiterschlagen, bis der Eischnee zu glänzen beginnt.

▶ Mit einem Schneebesen die trockenen Zutaten nacheinander in drei gleichen Portionen mit langsamen, fließenden Bewegungen vorsichtig unterheben. Nicht schlagen, sonst fällt der Eischnee zusammen.

▶ Den Teig mit einem Esslöffel in die Backformen bis knapp unter die Oberkante füllen. Die Formen leicht auf die Arbeitsfläche klopfen, damit überschüssige Luft entweicht und eine glatte Oberfläche entsteht. Luftblasen mit einem Holzstäbchen anstechen. Die Angel Cakes im vorgeheizten Backofen auf der untersten Schiene 30 Minuten backen. Die Kuchen sind fertig, wenn sie auf leichten Fingerdruck in ihre bisherige Form zurückgehen. Je nach Größe der Backformen kann die Backzeit etwas länger sein. Die fertigen Angel Cakes aus dem Ofen nehmen, die Formen umgedreht auf einem Kuchengitter erkalten lassen. Die Kuchen mit einem spitzen Messer vom Rand lösen und aus den Backformen nehmen.

▶ Für die karamellisierten Mandeln den Zucker mit 1 EL Wasser in einem Topf erhitzen. Dabei nicht umrühren. Sobald der Karamell eine goldbraune Farbe angenommen hat, den Topf vom Herd nehmen. Die Mandeln hinzufügen und so lange rühren, bis alle Kerne mit dem Karamell umhüllt sind. Die Mandeln auf einem Backblech ausbreiten und mit etwas Fleur de Sel bestreuen.

▶ Für die Karamellsauce den Zucker mit 1 EL Wasser in einem Topf erhitzen, ohne dabei umzurühren. Sobald die Zuckerlösung braun wird, den Topf vom Herd nehmen und die Butter einrühren. Den Topf wieder auf den Herd stellen, die Sahne hinzufügen, aufkochen und so lange rühren, bis eine cremige Sauce entsteht. Diese in eine Schüssel umfüllen und erkalten lassen.

▶ Die Angel Cakes mit Karamellsauce, Mandeln und Fleur de Sel dekorieren.

4
KUCHEN
ZUBEREITUNGSZEIT
20 MINUTEN
BACKZEIT
30 MINUTEN

Angel cake

90 g Mehl
150 g Zucker
6 Eiweiß, zimmerwarm
1 TL Zitronensaft
1 Msp. gelbe
Lebensmittelfarbe (Gel)
abgeriebene Schale von
1 unbehandelten Zitrone
Salz

ZUM DEKORIEREN
1 kleines Glas Zitronencreme
(Lemon Curd)
Zesten von
1 unbehandelten Zitrone

Zitrone

▶ Den Backofen auf 160 °C vorheizen.

▶ Das Mehl und die Hälfte des Zuckers in eine Schüssel sieben und mit 1 Prise Salz vermischen. Die Eiweiße mit dem Handrührgerät in einer großen Schüssel schaumig rühren. Zitronensaft und Lebensmittelfarbe hinzufügen und dann auf höchster Stufe steif schlagen. Sobald die Masse an Volumen gewinnt, den Rest des Zuckers langsam einrieseln lassen und weiterschlagen, bis der Eischnee zu glänzen beginnt.

▶ Mit einem Schneebesen die trockenen Zutaten nacheinander in drei gleichen Portionen und die Zitronenschale mit langsamen, fließenden Bewegungen vorsichtig unterheben. Nicht schlagen, sonst fällt der Eischnee zusammen.

▶ Den Teig mit einem Esslöffel in die Backformen bis knapp unter die Oberkante füllen. Die Formen leicht auf die Arbeitsfläche aufklopfen, sodass überschüssige Luft entweichen kann und eine glatte Oberfläche entsteht. Luftblasen mit einem Holzstäbchen anstechen.

▶ Die Angel Cakes im vorgeheizten Backofen auf der untersten Schiene 30 Minuten backen. Die Kuchen sind fertig, wenn sie auf leichten Fingerdruck in ihre ursprüngliche Form zurückgehen. Je nach Größe der verwendeten Backformen kann die Backzeit etwas länger sein.

▶ Die fertigen Angel Cakes aus dem Ofen nehmen, die Formen umgedreht auf einem Kuchengitter erkalten lassen. Die Kuchen mit einem spitzen Messer vom Rand lösen und aus den Backformen nehmen. Auf jeden der Angel Cakes 1 EL Zitronencreme geben und mit Zitronenzesten dekorieren.

4 KUCHEN

ZUBEREITUNGSZEIT
20 MINUTEN

BACKZEIT
30 MINUTEN

Angel cake

100 g Kirschen, entsteint
90 g Mehl
150 g Zucker
6 Eiweiß, zimmerwarm
1 TL Zitronensaft
Salz

ZUM DEKORIEREN
4 Kirschen

▸ Den Backofen auf 160 °C vorheizen.

Kirschen

▸ Die Kirschen in einem Mixer zerkleinern und durch ein Sieb streichen. Das Mehl und die Hälfte des Zuckers in eine Schüssel sieben und mit 1 Prise Salz vermischen. Die Kirschsauce hinzufügen. Die Eiweiße mit dem Handrührgerät in einer Schüssel schaumig rühren, den Zitronensaft hinzufügen und dann auf höchster Stufe steif schlagen. Sobald die Masse an Volumen gewinnt, den Rest des Zuckers langsam einrieseln lassen und weiterschlagen, bis der Eischnee zu glänzen beginnt.

▸ Mit einem Schneebesen etwa 2 EL Eischnee mit der Kirschsauce vermischen. Die Mischung behutsam unter den restlichen Eischnee ziehen. Die trockenen Zutaten nacheinander in drei gleichen Portionen mit langsamen, fließenden Bewegungen vorsichtig unterheben. Nicht schlagen, sonst fällt der Eischnee zusammen.

▸ Den Teig mit einem Esslöffel in die Backformen bis knapp unter die Oberkante füllen. Die Formen leicht auf die Arbeitsfläche aufklopfen, sodass überschüssige Luft entweichen kann und eine glatte Oberfläche entsteht. Luftblasen mit einem Holzstäbchen anstechen.

▸ Die Angel Cakes im vorgeheizten Backofen auf der untersten Schiene 30 Minuten backen. Die Kuchen sind fertig, wenn sie auf leichten Fingerdruck in ihre ursprüngliche Form zurückgehen. Je nach Größe der verwendeten Backformen kann die Backzeit etwas länger sein.

▸ Die fertigen Angel Cakes aus dem Ofen nehmen, die Formen umgedreht auf einem Kuchengitter erkalten lassen. Die Kuchen mit einem spitzen Messer vom Rand lösen und aus den Backformen nehmen. Jeden Kuchen mit einer Kirsche dekorieren.

4
KUCHEN
ZUBEREITUNGSZEIT
20 MINUTEN
BACKZEIT
30 MINUTEN

Angel cake

90 g Mehl
150 g Zucker
6 Eiweiß, zimmerwarm
1 TL Zitronensaft
50 g Erdnussbutter
Salz

FÜR DIE ERDNUSSCREME
100 g Erdnussbutter
30 g Frischkäse

Erdnüsse

▶ Den Backofen auf 160 °C vorheizen.

▶ Das Mehl und die Hälfte des Zuckers in eine Schüssel sieben und mit 1 Prise Salz vermischen. Die Eiweiße mit dem Handrührgerät in einer großen Schüssel schaumig rühren. Den Zitronensaft hinzufügen und dann auf höchster Stufe steif schlagen. Sobald die Masse an Volumen gewinnt, den Rest des Zuckers langsam einrieseln lassen und weiterschlagen, bis der Eischnee zu glänzen beginnt.

▶ Die Erdnussbutter mit etwa 3 EL Eischnee vermischen und mit einem Schneebesen behutsam unter den restlichen Eischnee ziehen.

▶ Die trockenen Zutaten nacheinander in drei gleichen Portionen mit langsamen, fließenden Bewegungen vorsichtig unterheben. Nicht schlagen, sonst fällt der Eischnee zusammen.

▶ Den Teig mit einem Esslöffel in die Backformen bis knapp unter die Oberkante füllen. Die Formen leicht auf die Arbeitsfläche aufklopfen, sodass überschüssige Luft entweichen kann und eine glatte Oberfläche entsteht. Luftblasen mit einem Holzstäbchen anstechen.

▶ Die Angel Cakes im vorgeheizten Backofen auf der untersten Schiene 30 Minuten backen. Die Kuchen sind fertig, wenn sie auf leichten Fingerdruck in ihre ursprüngliche Form zurückgehen. Je nach Größe der verwendeten Backformen kann die Backzeit etwas länger sein. Die fertigen Angel Cakes aus dem Ofen nehmen, die Formen umgedreht auf einem Kuchengitter erkalten lassen. Die Kuchen mit einem spitzen Messer vom Rand lösen und aus den Backformen nehmen.

▶ Für die Erdnusscreme die Erdnussbutter mit dem Frischkäse verrühren. Die Creme in einen Spritzbeutel oder eine Teigspritze füllen und eine Sterntülle aufsetzen. Jeden Angel Cake mit kleinen Cremespitzen verzieren.

4
KUCHEN
ZUBEREITUNGSZEIT
20 MINUTEN
BACKZEIT
30 MINUTEN

++++++++++++++++++

Angel cake

++++++++++++++++++

FÜR DEN HIMBEERTEIG
45 g Mehl
75 g Zucker
3 Eiweiß, zimmerwarm
½ TL Zitronensaft
1 Msp. rosa Lebensmittelfarbe (Gel)
3 Tropfen Himbeeraroma
Salz

FÜR DEN VANILLETEIG
45 g Mehl
75 g Zucker
½ TL gemahlene Vanille
3 Eiweiß, zimmerwarm
½ TL Zitronensaft
Salz

FÜR DIE BUTTERCREME
75 g Butter, weich
150 g Puderzucker
1 Msp. rosa Lebensmittelfarbe (Gel)
4 Tropfen Himbeeraroma

ZUM DEKORIEREN
Puderzucker
4 Himbeeren

▶ Den Backofen auf 160 °C vorheizen.

▶ Für den Himbeerteig das Mehl und 40 g Zucker in eine Schüssel sieben und mit 1 Prise Salz vermischen. Die Eiweiße schaumig rühren. Zitronensaft, Lebensmittelfarbe und Himbeeraroma hinzufügen und steif schlagen. Sobald die Masse an Volumen gewinnt, restlichen Zuckers langsam einrieseln lassen und weiterschlagen, bis der Eischnee zu glänzen beginnt. Für den Vanilleteig das Mehl und 40 g Zucker in eine Schüssel sieben. Mit 1 Prise Salz und der Vanille

Himbeeren und Vanille

vermischen. Die Eiweiße schaumig rühren, den Zitronensaft hinzufügen und steif schlagen. Sobald die Masse an Volumen gewinnt, den Rest Zucker langsam einrieseln lassen und weiterschlagen, bis der Eischnee zu glänzen beginnt.

▶ Mit einem Schneebesen die trockenen Zutaten nacheinander in drei gleichen Portionen mit langsamen, fließenden Bewegungen vorsichtig jedem der beiden Teige unterheben. Nicht schlagen, sonst fällt der Eischnee zusammen.

▶ Den Himbeerteig bis zur Hälfte in die Backformen füllen. Diese leicht auf die Arbeitsfläche klopfen, damit überschüssige Luft entweicht. So erhalten die Cakes eine glatte Oberfläche und eine scharfe Kante. Bläschen mit einem Holzstäbchen anstechen. Den Vanilleteig bis knapp unter die Oberkante der Backformen einfüllen und mit dem Stäbchen die beiden Teige leicht marmorieren. Die Formen nochmals leicht auf die Arbeitsfläche aufklopfen, bis die Oberfläche glatt ist.

▶ Die Angel Cakes im vorgeheizten Backofen auf der untersten Schiene 30 Minuten backen. Sie sind fertig, wenn sie auf leichten Fingerdruck in ihre ursprüngliche Form zurückgehen. Je nach Größe kann die Backzeit etwas länger sein. Die Angel Cakes aus dem Ofen nehmen, die Formen umgedreht auf einem Kuchengitter erkalten lassen. Die Kuchen mit einem Messer vom Rand lösen und aus den Formen nehmen.

▶ Aus Backpapier Sterne ausschneiden, auf die Angel Cakes legen, mit Puderzucker überstäuben und wieder abnehmen.

▶ Für die Buttercreme die Butter mit dem Handrührgerät in einer Schüssel schaumig rühren. Den Puderzucker nach und nach in die Schüssel sieben und dabei weiterrühren. Lebensmittelfarbe und Himbeeraroma hinzufügen. Falls die Creme zu fest ist, mit 1 EL lauwarmem Wasser geschmeidig rühren. Die Buttercreme in einen Spritzbeutel bzw. eine Teigspritze mit Sterntülle füllen. Die Angel Cakes mit einer Cremerosette und einer Himbeere verzieren.

4 KUCHEN

ZUBEREITUNGSZEIT
20 MINUTEN

BACKZEIT
30 MINUTEN

Angel cake

40 g Bitterschokolade
(70 % Kakaoanteil)
90 g Mehl
150 g Zucker
1 TL gemahlene Vanille
6 Eiweiß, zimmerwarm
1 TL Zitronensaft
Salz

FÜR DIE SAHNECREME
250 g Sahne, gekühlt
1 EL Puderzucker

Stracciatella

▗ Den Backofen auf 160 °C vorheizen. Die Schokolade mit einem schweren Messer oder einer Küchenreibe zu feinen Spänen raspeln.

▗ Das Mehl und die Hälfte des Zuckers in eine Schüssel sieben. Mit 1 Prise Salz und der Vanille vermischen. Die Eiweiße mit dem Handrührgerät in einer großen Schüssel schaumig rühren. Den Zitronensaft hinzufügen und dann auf höchster Stufe steif schlagen. Sobald die Masse an Volumen gewinnt, den Rest des Zuckers langsam einrieseln lassen und weiterschlagen, bis der Eischnee zu glänzen beginnt.

▗ Mit einem Schneebesen die trockenen Zutaten nacheinander in drei gleichen Portionen mit langsamen, fließenden Bewegungen vorsichtig unterheben. Die Schokoladenraspel hinzufügen, einige für die Dekoration beiseitestellen. Die Masse nicht schlagen, sonst fällt der Eischnee zusammen.

▗ Den Teig mit einem Esslöffel in die Backformen bis knapp unter die Oberkante füllen. Die Formen leicht auf die Arbeitsfläche aufklopfen, sodass überschüssige Luft entweichen kann und eine glatte Oberfläche entsteht. Luftblasen mit einem Holzstäbchen anstechen.

▗ Die Angel Cakes im vorgeheizten Backofen auf der untersten Schiene 30 Minuten backen. Die Kuchen sind fertig, wenn sie auf leichten Fingerdruck in ihre ursprüngliche Form zurückgehen. Je nach Größe der verwendeten Backformen kann die Backzeit etwas länger sein. Die fertigen Angel Cakes aus dem Ofen nehmen, die Formen umgedreht auf einem Kuchengitter erkalten lassen. Die Kuchen mit einem spitzen Messer vom Rand lösen und aus den Backformen nehmen.

▗ Für die Sahnecreme die Sahne mit dem Handrührgerät in einer gut gekühlten Schüssel aufschlagen. Sobald die Sahne beginnt, an Volumen zuzunehmen, den Puderzucker hinzufügen und dabei weiterschlagen, bis die Sahne steif ist.

▗ Die Angel Cakes mit der Sahnecreme und den zurückbehaltenen Schokoraspeln dekorieren.

4 KUCHEN

ZUBEREITUNGSZEIT
20 MINUTEN

BACKZEIT
30 MINUTEN

Angel cake

90 g Mehl
150 g Zucker
1 TL gemahlene Vanille
6 Eiweiß, zimmerwarm
1 TL Zitronensaft
1 Msp. grüne Lebensmittelfarbe (Gel)
4 Tropfen Pistazienaroma
Salz

FÜR DIE BUTTERCREME
75 g Butter, weich
1 Msp. grüne Lebensmittelfarbe (Gel)
3 Tropfen Pistazienaroma
150 g Puderzucker

ZUM DEKORIEREN
flüssiger Honig
geröstete, ungesalzene Pistazien, zerstoßen

Honig und Pistazien

▶ Den Backofen auf 160 °C vorheizen.

▶ Das Mehl und die Hälfte des Zuckers in eine Schüssel sieben. Mit 1 Prise Salz und der Vanille vermischen. Die Eiweiße mit dem Handrührgerät in einer großen Schüssel schaumig rühren. Zitronensaft, Lebensmittelfarbe und Pistazienaroma hinzufügen und dann auf höchster Stufe steif schlagen. Sobald die Masse an Volumen gewinnt, den Rest des Zuckers langsam einrieseln lassen und weiterschlagen, bis der Eischnee zu glänzen beginnt.

▶ Mit einem Schneebesen die trockenen Zutaten nacheinander in drei gleichen Portionen mit langsamen, fließenden Bewegungen vorsichtig unterheben. Nicht schlagen, sonst fällt der Eischnee zusammen.

▶ Den Teig mit einem Esslöffel in die Backformen bis knapp unter die Oberkante füllen. Die Formen leicht auf die Arbeitsfläche aufklopfen, sodass überschüssige Luft entweichen kann und eine glatte Oberfläche entsteht. Luftblasen mit einem Holzstäbchen anstechen.

▶ Die Angel Cakes im vorgeheizten Backofen auf der untersten Schiene 30 Minuten backen. Die Kuchen sind fertig, wenn sie auf leichten Fingerdruck in ihre ursprüngliche Form zurückgehen. Je nach Größe der verwendeten Backformen kann die Backzeit etwas länger sein. Die fertigen Angel Cakes aus dem Ofen nehmen, die Formen umgedreht auf einem Kuchengitter erkalten lassen. Die Kuchen mit einem spitzen Messer vom Rand lösen und aus den Backformen nehmen.

▶ Für die Buttercreme die Butter mit dem Handrührgerät in einer Schüssel schaumig rühren. Lebensmittelfarbe und Pistazienaroma hinzufügen. Den Puderzucker nach und nach in die Schüssel sieben und dabei weiterrühren. Falls die Creme zu fest ist, mit 1 EL lauwarmem Wasser geschmeidig rühren.

▶ Die Buttercreme in einen Spritzbeutel oder eine Teigspritze füllen und eine Sterntülle aufsetzen. Auf jeden Angel Cake eine Cremerosette spritzen und die Kuchen mit einigen Tropfen Honig und zerstoßenen Pistazien verzieren.

4 KUCHEN
ZUBEREITUNGSZEIT
20 MINUTEN
BACKZEIT
30 MINUTEN

Angel cake

90 g Mehl
150 g Zucker
2 EL Gewürzmischung für Lebkuchen (Zimt, Anis, Nelken, Koriander, Ingwer, Muskatnuss)
1 TL gemahlene Vanille
6 Eiweiß, zimmerwarm
1 TL Zitronensaft
Salz

ZUM DEKORIEREN
10 Hohlhippen oder Eiswaffeln, zerstoßen
4 Sternanise

▶ Den Backofen auf 160 °C vorheizen.

Lebkuchen

▶ Das Mehl und die Hälfte des Zuckers in eine Schüssel sieben. Mit 1 Prise Salz, der Gewürzmischung und der Vanille vermischen. Die Eiweiße mit dem Handrührgerät in einer großen Schüssel schaumig rühren. Den Zitronensaft hinzufügen und dann auf höchster Stufe steif schlagen. Sobald die Masse an Volumen gewinnt, den Rest des Zuckers langsam einrieseln lassen und weiterschlagen, bis der Eischnee zu glänzen beginnt.

▶ Mit einem Schneebesen die trockenen Zutaten nacheinander in drei gleichen Portionen mit langsamen, fließenden Bewegungen vorsichtig unterheben. Nicht schlagen, sonst fällt der Eischnee zusammen.

▶ Den Teig mit einem Esslöffel in die Backformen bis knapp unter die Oberkante füllen. Die Formen leicht auf die Arbeitsfläche aufklopfen, sodass überschüssige Luft entweichen kann und eine glatte Oberfläche entsteht. Luftblasen mit einem Holzstäbchen anstechen.

▶ Die Angel Cakes im vorgeheizten Backofen auf der untersten Schiene 30 Minuten backen. Die Kuchen sind fertig, wenn sie auf leichten Fingerdruck in ihre ursprüngliche Form zurückgehen. Je nach Größe der verwendeten Backformen kann die Backzeit etwas länger sein.

▶ Die fertigen Angel Cakes aus dem Ofen nehmen, die Formen umgedreht auf einem Kuchengitter erkalten lassen. Die Kuchen mit einem spitzen Messer vom Rand lösen und aus den Backformen nehmen. Die Angel Cakes mit den zerstoßenen Hohlhippen und einem Sternanis dekorieren. Mit einer Kugel Eis mit Lebkuchen- oder Honigaroma servieren.

4 KUCHEN

ZUBEREITUNGSZEIT
20 MINUTEN

BACKZEIT
30 MINUTEN

Angel cake

FÜR DEN ERDBEERTEIG

45 g Mehl
75 g Zucker
3 Eiweiß, zimmerwarm
½ TL Zitronensaft
1 Msp. rosa Lebensmittelfarbe (Gel)
4 Tropfen Erdbeeraroma
Salz

FÜR DEN BASILIKUMTEIG

45 g Mehl
75 g Zucker
3 Eiweiß, zimmerwarm
½ TL Zitronensaft
1 Msp. grüne Lebensmittelfarbe (Gel)
1 TL pürierte Basilikumblätter
Salz

ZUM DEKORIEREN

4 Erdbeeren, in Scheiben geschnitten
frische Basilikumblätter

Erdbeeren und Basilikum

▶ Den Backofen auf 160 °C vorheizen.

▶ Die zwei Teige auf die gleiche Art zubereiten. Das Mehl und 40 g Zucker in eine Schüssel sieben und mit 1 Prise Salz vermischen. Die Eiweiße mit dem Handrührgerät in einer großen Schüssel schaumig rühren. Zitronensaft, rosa Lebensmittelfarbe und Erdbeeraroma für den Erdbeerteig bzw. grüne Lebensmittelfarbe sowie pürierte Basilikumblätter für den Basilikumteig hinzufügen und dann auf höchster Stufe steif schlagen. Sobald die Masse an Volumen gewinnt, den Rest des Zuckers langsam einrieseln lassen und weiterschlagen, bis der Eischnee zu glänzen beginnt.

▶ Mit einem Schneebesen die trockenen Zutaten nacheinander in drei gleichen Portionen mit langsamen, fließenden Bewegungen vorsichtig in jeden der beiden Teige unterheben. Nicht schlagen, sonst fällt der Eischnee zusammen.

▶ Den Erdbeerteig mit einem Esslöffel bis zur Hälfte in die Backformen füllen. Luftblasen mit einem Holzstäbchen anstechen. Die Formen leicht auf die Arbeitsfläche aufklopfen, sodass überschüssige Luft entweichen kann. So bekommen die Angel Cakes eine glatte Oberfläche und eine randscharfe Kante.

▶ Darüber den Basilikumteig bis knapp unter die Oberkante der Backformen füllen und darauf achten, dass sich beide Teige nicht miteinander vermischen. Die Formen nochmals leicht auf die Arbeitsfläche aufklopfen, bis die Oberfläche geglättet ist.

▶ Die Angel Cakes im vorgeheizten Backofen auf der untersten Schiene 30 Minuten backen. Die Kuchen sind fertig, wenn sie auf leichten Fingerdruck in ihre ursprüngliche Form zurückgehen. Je nach Größe der verwendeten Backformen kann die Backzeit etwas länger sein.

▶ Die fertigen Angel Cakes aus dem Ofen nehmen, die Formen umgedreht auf einem Kuchengitter erkalten lassen. Die Kuchen mit einem spitzen Messer vom Rand lösen und aus den Backformen nehmen. Die Angel Cakes mit Erdbeerscheiben und Basilikumblättern dekorieren.

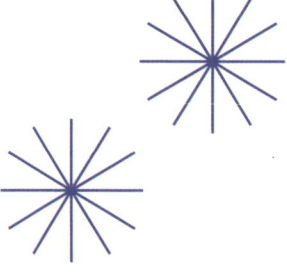

4
KUCHEN
ZUBEREITUNGSZEIT
20 MINUTEN
BACKZEIT
30 MINUTEN

Angel cake

90 g Kastanienmehl
150 g Zucker
1 TL gemahlene Vanille
6 Eiweiß, zimmerwarm
1 TL Zitronensaft
2 EL schwarze Sesamsaat
Salz

ZUM DEKORIEREN
1 Glas Maronencreme (220 g)
schwarze Sesamsaat

▶ Den Backofen auf 160 °C vorheizen.

Sesam und Kastanien (glutenfrei)

▶ Das Mehl und die Hälfte des Zuckers in eine Schüssel sieben. Mit 1 Prise Salz und der Vanille vermischen. Die Eiweiße mit dem Handrührgerät in einer großen Schüssel schaumig rühren. Den Zitronensaft hinzufügen und dann auf höchster Stufe steif schlagen. Sobald die Masse an Volumen gewinnt, den Rest des Zuckers langsam einrieseln lassen und weiterschlagen, bis der Eischnee zu glänzen beginnt.

▶ Mit einem Schneebesen die trockenen Zutaten nacheinander in drei gleichen Portionen und die Sesamsaat mit langsamen, fließenden Bewegungen vorsichtig unterheben. Nicht schlagen, sonst fällt der Eischnee zusammen.

▶ Den Teig mit einem Esslöffel in die Backformen bis knapp unter die Oberkante füllen. Die Formen leicht auf die Arbeitsfläche aufklopfen, sodass überschüssige Luft entweichen kann und eine glatte Oberfläche entsteht. Luftblasen mit einem Holzstäbchen anstechen.

▶ Die Angel Cakes im vorgeheizten Backofen auf der untersten Schiene 30 Minuten backen. Die Kuchen sind fertig, wenn sie auf leichten Fingerdruck in ihre ursprüngliche Form zurückgehen. Je nach Größe der verwendeten Backformen kann die Backzeit etwas länger sein.

▶ Die fertigen Angel Cakes aus dem Ofen nehmen, die Formen umgedreht auf einem Kuchengitter erkalten lassen. Die Kuchen mit einem spitzen Messer vom Rand lösen und aus den Backformen nehmen. Auf jeden Angel Cake etwas Maronencreme geben und mit Sesamsaat bestreuen.

4
KUCHEN
ZUBEREITUNGSZEIT
20 MINUTEN
BACKZEIT
30 MINUTEN

Angel cake

90 g Mehl
150 g Zucker
½ TL gemahlener Anis
6 Eiweiß, zimmerwarm
1 TL Zitronensaft
1 Msp. orange Lebensmittelfarbe (Gel)
4 Tropfen Pfirsicharoma
Salz

ZUM DEKORIEREN
eingelegte oder frische Pfirsiche, in Spalten geschnitten

▶ Den Backofen auf 160 °C vorheizen.

Pfirsiche

▶ Das Mehl und die Hälfte des Zuckers in eine Schüssel sieben. Mit 1 Prise Salz und Anis vermischen. Die Eiweiße mit dem Handrührgerät in einer großen Schüssel schaumig rühren. Zitronensaft, Lebensmittelfarbe und Pfirsicharoma hinzufügen und dann auf höchster Stufe steif schlagen. Sobald die Masse an Volumen gewinnt, den Rest des Zuckers langsam einrieseln lassen und weiterschlagen, bis der Eischnee zu glänzen beginnt.

▶ Mit einem Schneebesen die trockenen Zutaten nacheinander in drei gleichen Portionen mit langsamen, fließenden Bewegungen vorsichtig unterheben. Nicht schlagen, sonst fällt der Eischnee zusammen.

▶ Den Teig mit einem Esslöffel in die Backformen bis knapp unter die Oberkante füllen. Die Formen leicht auf die Arbeitsfläche aufklopfen, sodass überschüssige Luft entweichen kann und eine glatte Oberfläche entsteht. Luftblasen mit einem Holzstäbchen anstechen.

▶ Die Angel Cakes im vorgeheizten Backofen auf der untersten Schiene 30 Minuten backen. Die Kuchen sind fertig, wenn sie auf leichten Fingerdruck in ihre ursprüngliche Form zurückgehen. Je nach Größe der verwendeten Backformen kann die Backzeit etwas länger sein.

▶ Die fertigen Angel Cakes aus dem Ofen nehmen, die Formen umgedreht auf einem Kuchengitter erkalten lassen. Die Kuchen mit einem spitzen Messer vom Rand lösen und aus den Backformen nehmen. Die Angel Cakes mit den Pfirsichspalten dekorieren.

4 KUCHEN

ZUBEREITUNGSZEIT
20 MINUTEN

BACKZEIT
30 MINUTEN

Angel cake

90 g Mehl
150 g Zucker
6 Eiweiß, zimmerwarm
1 TL Zitronensaft
1 Msp. grüne Lebensmittelfarbe (Gel)
4 Tropfen Apfelaroma
Salz

FÜR DIE SAHNECREME
250 g Sahne, gut gekühlt
1 EL Puderzucker

ZUM DEKORIEREN
1 grüner Apfel (z. B. Granny Smith)
Saft von 1 Zitrone

▸ Den Backofen auf 160 °C vorheizen.

▸ Das Mehl und die Hälfte des Zuckers in eine Schüssel sieben, mit 1 Prise Salz vermischen. Die Eiweiße mit dem Handrührgerät in einer großen Schüssel schaumig rühren. Zitronensaft, Lebensmittelfarbe und Apfelaroma zufügen und auf höchster Stufe steif schlagen. Sobald die Masse an Volumen gewinnt, den Rest des Zuckers langsam einrieseln lassen und weiterschlagen, bis der Eischnee zu glänzen beginnt.

Grüne Äpfel

▸ Mit einem Schneebesen die trockenen Zutaten nacheinander in drei gleichen Portionen mit langsamen, fließenden Bewegungen vorsichtig unterheben. Nicht schlagen, sonst fällt der Eischnee zusammen.

▸ Den Teig mit einem Esslöffel in die Backformen bis knapp unter die Oberkante füllen. Die Formen leicht auf die Arbeitsfläche aufklopfen, sodass überschüssige Luft entweichen kann und eine glatte Oberfläche entsteht. Luftblasen mit einem Holzstäbchen anstechen.

▸ Die Angel Cakes im vorgeheizten Backofen auf der untersten Schiene 30 Minuten backen. Die Kuchen sind fertig, wenn sie auf leichten Fingerdruck in ihre ursprüngliche Form zurückgehen. Je nach Größe der verwendeten Backformen kann die Backzeit etwas länger sein. Die fertigen Angel Cakes aus dem Ofen nehmen, die Formen umgedreht auf einem Kuchengitter erkalten lassen. Die Kuchen mit einem spitzen Messer vom Rand lösen und aus den Backformen nehmen.

▸ Für die Sahnecreme die Sahne und den Puderzucker in eine gut gekühlte Schüssel geben. Mit dem Handrührgerät so lange schlagen, bis die Sahne steif ist.

▸ Die Sahnecreme in einen Spritzbeutel oder eine Teigspritze füllen, eine Sterntülle aufsetzen und jeden Angel Cake dekorieren.

▸ Den Apfel waschen, nicht schälen, zerteilen, das Kerngehäuse entfernen, zuerst in Scheiben und dann in kleine Stifte zerschneiden. Damit die Apfelstifte nicht braun werden, mit dem Zitronensaft beträufeln. Vor dem Servieren die Apfelstifte kurz auf Küchenpapier abtropfen lassen und als Dekoration auf die Angel Cakes geben.

4 KUCHEN

ZUBEREITUNGSZEIT
20 MINUTEN

BACKZEIT
30 MINUTEN

Angel cake

Karotten und Frischkäse

90 g Mehl
150 g Zucker
1 TL gemahlene Vanille
6 Eiweiß, zimmerwarm
1 TL Zitronensaft
1 Msp. orange Lebensmittelfarbe (Gel)
80 g pürierte Karotten, zimmerwarm
Salz

FÜR DIE FRISCHKÄSECREME
100 g Frischkäse
40 g Puderzucker

ZUM DEKORIEREN
1 kleine Karotte, geraspelt

▲ Den Backofen auf 160 °C vorheizen.

▲ Das Mehl und die Hälfte des Zuckers in eine Schüssel sieben. Mit 1 Prise Salz und der Vanille vermischen. Die Eiweiße mit dem Handrührgerät in einer großen Schüssel schaumig rühren. Zitronensaft und Lebensmittelfarbe hinzufügen und dann auf höchster Stufe steif schlagen. Sobald die Masse an Volumen gewinnt, den Rest des Zuckers langsam einrieseln lassen und weiterschlagen, bis der Eischnee zu glänzen beginnt.

▲ Etwa 3 EL Eischnee mit dem Karottenpüree vermischen und diese Mischung behutsam unter den restlichen Eischnee ziehen.

▲ Mit einem Schneebesen die trockenen Zutaten nacheinander in drei gleichen Portionen mit langsamen, fließenden Bewegungen vorsichtig unterheben. Nicht schlagen, sonst fällt der Eischnee zusammen.

▲ Den Teig mit einem Esslöffel in die Backformen bis knapp unter die Oberkante füllen. Die Formen leicht auf die Arbeitsfläche aufklopfen, sodass überschüssige Luft entweichen kann und eine glatte Oberfläche entsteht. Luftblasen mit einem Holzstäbchen anstechen.

▲ Die Angel Cakes im vorgeheizten Backofen auf der untersten Schiene 30 Minuten backen. Die Kuchen sind fertig, wenn sie auf leichten Fingerdruck in ihre ursprüngliche Form zurückgehen. Je nach Größe der verwendeten Backformen kann die Backzeit etwas länger sein. Die fertigen Angel Cakes aus dem Ofen nehmen, die Formen umgedreht auf einem Kuchengitter erkalten lassen. Die Kuchen mit einem spitzen Messer vom Rand lösen und aus den Backformen nehmen.

▲ Für die Frischkäsecreme den Frischkäse mit dem Handrührgerät in einer Schüssel aufschlagen und dabei möglichst viel Luft einarbeiten. Den Puderzucker nach und nach in die Schüssel sieben und dabei weiterschlagen. Auf jeden Angel Cake eine Schicht Frischkäsecreme geben, glatt streichen und mit Karottenraspeln dekorieren.

4

KUCHEN
ZUBEREITUNGSZEIT
20 MINUTEN
BACKZEIT
30 MINUTEN

Angel cake

90 g Mehl
75 g Zucker
6 Eiweiß, zimmerwarm
1 TL Zitronensaft
100 g Ahornsirup
Salz

FÜR DIE BUTTERCREME
80 g Butter, weich
150 g Puderzucker
½ TL gemahlene Vanille
1 TL Vanilleextrakt
2 EL Ahornsirup

ZUM DEKORIEREN
50 g gehackte Nüsse
4 Walnusshälften

Ahornsirup und Nüsse

▶ Den Backofen auf 160 °C vorheizen.

▶ Das Mehl und die Hälfte des Zuckers in eine Schüssel sieben und mit 1 Prise Salz vermischen. Die Eiweiße mit dem Handrührgerät in einer großen Schüssel schaumig rühren. Den Zitronensaft hinzufügen und dann auf höchster Stufe steif schlagen. Sobald die Masse an Volumen gewinnt, den Ahornsirup tröpfchenweise hinzugeben und so lange weiterschlagen, bis der Eischnee zu glänzen beginnt.

▶ Mit einem Schneebesen die trockenen Zutaten nacheinander in drei gleichen Portionen mit langsamen, fließenden Bewegungen vorsichtig unterheben. Nicht schlagen, sonst fällt der Eischnee zusammen.

▶ Den Teig mit einem Esslöffel in die Backformen bis knapp unter die Oberkante füllen. Die Formen leicht auf die Arbeitsfläche aufklopfen, sodass überschüssige Luft entweichen kann und eine glatte Oberfläche entsteht. Luftblasen mit einem Holzstäbchen anstechen.

▶ Die Angel Cakes im vorgeheizten Backofen auf der untersten Schiene 30 Minuten backen. Die Kuchen sind fertig, wenn sie auf leichten Fingerdruck in ihre ursprüngliche Form zurückgehen. Je nach Größe der verwendeten Backformen kann die Backzeit etwas länger sein. Die fertigen Angel Cakes aus dem Ofen nehmen, die Formen umgedreht auf einem Kuchengitter erkalten lassen. Die Kuchen mit einem spitzen Messer vom Rand lösen und aus den Backformen nehmen.

▶ Für die Buttercreme die Butter mit dem Handrührgerät in einer Schüssel schaumig rühren. Den Puderzucker nach und nach in die Schüssel sieben und dabei weiterrühren. Die gemahlene Vanille und den Vanilleextrakt hinzufügen und den Ahornsirup einarbeiten.

▶ Die Buttercreme in einen Spritzbeutel oder eine Teigspritze füllen und eine Sterntülle aufsetzen. Auf jeden Angel Cake eine Cremerosette spritzen und die Kuchen mit gehackten Nüssen und je einer Walnusshälfte hübsch verzieren.

4
KUCHEN
ZUBEREITUNGSZEIT
20 MINUTEN
BACKZEIT
30 MINUTEN

Angel cake

90 g Mehl
150 g Zucker
1 TL gemahlene Vanille
6 Eiweiß, zimmerwarm
1 TL Zitronensaft
Salz

ZUM DEKORIEREN
60 g kleine Marshmallows mit Fruchtgeschmack

Marshmallows

▸ Den Backofen auf 160 °C vorheizen.

▸ Das Mehl und die Hälfte des Zuckers in eine Schüssel sieben. Mit 1 Prise Salz und der Vanille vermischen. Die Eiweiße mit dem Handrührgerät in einer großen Schüssel schaumig rühren. Den Zitronensaft hinzufügen und dann auf höchster Stufe steif schlagen. Sobald die Masse an Volumen gewinnt, den Rest des Zuckers langsam einrieseln lassen und weiterschlagen, bis der Eischnee zu glänzen beginnt.

▸ Mit einem Schneebesen die trockenen Zutaten nacheinander in drei gleichen Portionen mit langsamen, fließenden Bewegungen vorsichtig unterheben. Nicht schlagen, sonst fällt der Eischnee zusammen.

▸ Den Teig mit einem Esslöffel in die Backformen bis knapp unter die Oberkante füllen. Die Formen leicht auf die Arbeitsfläche aufklopfen, sodass überschüssige Luft entweichen kann und eine glatte Oberfläche entsteht. Luftblasen mit einem Holzstäbchen anstechen.

▸ Die Angel Cakes im vorgeheizten Backofen auf der untersten Schiene 30 Minuten backen. Die Kuchen sind fertig, wenn sie auf leichten Fingerdruck in ihre ursprüngliche Form zurückgehen. Je nach Größe der verwendeten Backformen kann die Backzeit etwas länger sein.

▸ Die fertigen Angel Cakes aus dem Ofen nehmen, die Formen umgedreht auf einem Kuchengitter erkalten lassen. Die Kuchen mit einem spitzen Messer vom Rand lösen und aus den Backformen nehmen. Jeden Angel Cake mit Marshmallows dekorieren. Damit die Marshmallows schön weich werden, die Angel Cakes für einige Minuten unter den heißen Backofengrill stellen.

4 KUCHEN

ZUBEREITUNGSZEIT
20 MINUTEN

BACKZEIT
30 MINUTEN

Angel cake

90 g Mehl
150 g Zucker
1 TL gemahlene Vanille
6 Eiweiß, zimmerwarm
1 TL Zitronensaft
200 g Kokosmilch
Salz

FÜR DIE KOKOSCREME
20 g Puderzucker
150 g Kokosmilch

FÜR DEN MANGOCOULIS
1 reife Mango

ZUM DEKORIEREN
frische Kokosnuss, in kleine Stücke geschnitten oder geraspelt

Kokos und Mango

▶ Den Backofen auf 160 °C vorheizen.

▶ Das Mehl und die Hälfte des Zuckers in eine Schüssel sieben. Mit 1 Prise Salz und der Vanille vermischen. Die Eiweiße mit dem Handrührgerät in einer großen Schüssel schaumig rühren. Den Zitronensaft hinzufügen und dann auf höchster Stufe steif schlagen. Sobald die Masse an Volumen gewinnt, den Rest des Zuckers langsam einrieseln lassen und weiterschlagen, bis der Eischnee zu glänzen beginnt.

▶ Die Kokosmilch tröpfchenweise hinzufügen und mit einem Schneebesen behutsam unter den Eischnee ziehen.

▶ Die trockenen Zutaten nacheinander in drei gleichen Portionen mit langsamen, fließenden Bewegungen vorsichtig unterheben. Nicht schlagen, sonst fällt der Eischnee zusammen.

▶ Den Teig mit einem Esslöffel in die Backformen bis knapp unter die Oberkante füllen. Die Formen leicht auf die Arbeitsfläche aufklopfen, sodass überschüssige Luft entweichen kann und eine glatte Oberfläche entsteht. Luftblasen mit einem Holzstäbchen anstechen.

▶ Die Angel Cakes im vorgeheizten Backofen auf der untersten Schiene 30 Minuten backen. Die Kuchen sind fertig, wenn sie auf leichten Fingerdruck in ihre ursprüngliche Form zurückgehen. Je nach Größe der verwendeten Backformen kann die Backzeit etwas länger sein. Die fertigen Angel Cakes aus dem Ofen nehmen, die Formen umgedreht auf einem Kuchengitter erkalten lassen. Die Kuchen mit einem Messer vom Rand lösen und aus den Backformen nehmen.

▶ Für die Kokoscreme den Puderzucker in die Kokosmilch einrühren. Um eine cremige Konsistenz zu erhalten, eventuell etwas mehr Puderzucker hinzufügen.

▶ Für den Mangocoulis die Mango schälen, halbieren, den Stein entfernen, klein schneiden und das Fruchtfleisch in einem Mixer fein pürieren.

▶ Auf jeden Angel Cake 1 EL Kokoscreme geben und mit den Kokosstückchen dekorieren. Den Mangocoulis separat dazu servieren.

4
KUCHEN

ZUBEREITUNGSZEIT
20 MINUTEN

BACKZEIT
30 MINUTEN

Angel cake

90 g Mehl
150 g Zucker
1 TL gemahlene Vanille
6 Eiweiß, zimmerwarm
1 TL Zitronensaft
40 g bunte Zuckerstreusel
Salz

FÜR DIE SAHNECREME
250 g Sahne, gut gekühlt
1 EL Puderzucker

ZUM DEKORIEREN
4 EL roter Fruchtcoulis
(z. B. Erdbeere)
bunte Zuckerstreusel

Zuckerstreusel

▲ Den Backofen auf 160 °C vorheizen.

▲ Das Mehl und die Hälfte des Zuckers in eine Schüssel sieben. Mit 1 Prise Salz und der Vanille vermischen. Die Eiweiße mit dem Handrührgerät in einer großen Schüssel schaumig rühren. Den Zitronensaft hinzufügen und dann auf höchster Stufe steif schlagen. Sobald die Masse an Volumen gewinnt, den Rest des Zuckers langsam einrieseln lassen und weiterschlagen, bis der Eischnee zu glänzen beginnt.

▲ Mit einem Schneebesen die trockenen Zutaten nacheinander in drei gleichen Portionen mit langsamen, fließenden Bewegungen vorsichtig unterheben und die Zuckerstreusel hinzufügen. Nicht schlagen, sonst fällt der Eischnee zusammen.

▲ Den Teig mit einem Esslöffel in die Backformen bis knapp unter die Oberkante füllen. Die Formen leicht auf die Arbeitsfläche aufklopfen, damit überschüssige Luft entweichen kann und eine glatte Oberfläche entsteht. Luftblasen mit einem Holzstäbchen anstechen.

▲ Die Angel Cakes im vorgeheizten Backofen auf der untersten Schiene 30 Minuten backen. Die Kuchen sind fertig, wenn sie auf leichten Fingerdruck in ihre ursprüngliche Form zurückgehen. Je nach Größe der verwendeten Backformen kann die Backzeit etwas länger sein. Die fertigen Angel Cakes aus dem Ofen nehmen, die Formen umgedreht auf einem Kuchengitter erkalten lassen. Die Kuchen mit einem spitzen Messer vom Rand lösen und aus den Backformen nehmen.

▲ Für die Sahnecreme die Sahne und den Puderzucker in eine gut gekühlte Schüssel geben. Mit dem Handrührgerät so lange schlagen, bis die Sahne steif ist.

▲ Die Sahnecreme in einen Spritzbeutel oder eine Teigspritze füllen und eine Sterntülle aufsetzen. Auf jeden Angel Cake eine Sahnerosette spritzen, 1 EL Fruchtcoulis darübergeben und mit Zuckerstreuseln verzieren.

**4
KUCHEN
ZUBEREITUNGSZEIT**
20 MINUTEN
BACKZEIT
30 MINUTEN

Angel cake

90 g Mehl
150 g Zucker
1 TL gemahlene Vanille
6 Eiweiß, zimmerwarm
1 TL Zitronensaft
3 Tropfen Himbeeraroma
Salz

FÜR DIE BUTTERCREME
75 g Butter, weich
150 g Puderzucker
1 Msp. violette Lebensmittelfarbe (Gel)
4 Tropfen Lavendelaroma

ZUM DEKORIEREN
kandierter Lavendel, zerstoßen

▶ Den Backofen auf 160 °C vorheizen.

Lavendel

▶ Das Mehl und die Hälfte des Zuckers in eine Schüssel sieben. Mit 1 Prise Salz und der Vanille vermischen. Die Eiweiße mit dem Handrührgerät in einer großen Schüssel schaumig rühren. Zitronensaft und Himbeeraroma hinzufügen und dann auf höchster Stufe steif schlagen. Sobald die Masse an Volumen gewinnt, den Rest des Zuckers langsam einrieseln lassen und weiterschlagen, bis der Eischnee zu glänzen beginnt.

▶ Mit einem Schneebesen die trockenen Zutaten nacheinander in drei gleichen Portionen mit langsamen, fließenden Bewegungen vorsichtig unterheben. Nicht schlagen, sonst fällt der Eischnee zusammen.

▶ Den Teig mit einem Esslöffel in die Backformen bis knapp unter die Oberkante füllen. Die Formen leicht auf die Arbeitsfläche aufklopfen, sodass überschüssige Luft entweichen kann und eine glatte Oberfläche entsteht. Luftblasen mit einem Holzstäbchen anstechen.

▶ Die Angel Cakes im vorgeheizten Backofen auf der untersten Schiene 30 Minuten backen. Die Kuchen sind fertig, wenn sie auf leichten Fingerdruck in ihre ursprüngliche Form zurückgehen. Je nach Größe der verwendeten Backformen kann die Backzeit etwas länger sein. Die fertigen Angel Cakes aus dem Ofen nehmen, die Formen umgedreht auf einem Kuchengitter erkalten lassen. Die Kuchen mit einem spitzen Messer vom Rand lösen und aus den Backformen nehmen.

▶ Für die Buttercreme die Butter mit dem Handrührgerät in einer Schüssel schaumig rühren. Den Puderzucker nach und nach in die Schüssel sieben und dabei weiterrühren. Lebensmittelfarbe und Lavendelaroma hinzufügen. Falls die Creme zu fest ist, mit 1 EL lauwarmem Wasser geschmeidig rühren.

▶ Die Buttercreme in einen Spritzbeutel oder eine Teigspritze füllen und eine dünne Lochtülle aufsetzen. Die Angel Cakes mit Sahnestreifen und Lavendelstückchen verzieren.

4 KUCHEN
ZUBEREITUNGSZEIT
20 MINUTEN
BACKZEIT
30 MINUTEN

Angel cake

90 g Mehl
150 g Zucker
1 TL gemahlene Vanille
6 Eiweiß, zimmerwarm
1 TL Zitronensaft
30 g Zuckerstreusel (Herzen)
Salz

ZUM DEKORIEREN
UND SERVIEREN
Zuckerstreusel (Herzen)
150 g Himbeercoulis

Valentinstag

▰ Den Backofen auf 160 °C vorheizen.

▰ Das Mehl und die Hälfte des Zuckers in eine Schüssel sieben. Mit 1 Prise Salz und der Vanille vermischen. Die Eiweiße mit dem Handrührgerät in einer großen Schüssel schaumig rühren. Den Zitronensaft hinzufügen und dann auf höchster Stufe steif schlagen. Sobald die Masse an Volumen gewinnt, den Rest des Zuckers langsam einrieseln lassen und weiterschlagen, bis der Eischnee zu glänzen beginnt.

▰ Mit einem Schneebesen die trockenen Zutaten nacheinander in drei gleichen Portionen mit langsamen, fließenden Bewegungen vorsichtig unterheben und die Zuckerstreusel hinzufügen. Nicht schlagen, sonst fällt der Eischnee zusammen.

▰ Den Teig mit einem Esslöffel in die Backformen bis knapp unter die Oberkante füllen. Die Formen leicht auf die Arbeitsfläche aufklopfen, sodass überschüssige Luft entweichen kann und eine glatte Oberfläche entsteht. Luftblasen mit einem Holzstäbchen anstechen.

▰ Die Angel Cakes im vorgeheizten Backofen auf der untersten Schiene 30 Minuten backen. Die Kuchen sind fertig, wenn sie auf leichten Fingerdruck in ihre ursprüngliche Form zurückgehen. Je nach Größe der verwendeten Backformen kann die Backzeit etwas länger sein.

▰ Die fertigen Angel Cakes aus dem Ofen nehmen, die Formen umgedreht auf einem Kuchengitter erkalten lassen. Die Kuchen mit einem spitzen Messer vom Rand lösen und aus den Backformen nehmen. Die Angel Cakes mit den Zuckerherzen dekorieren und den Himbeercoulis separat dazu servieren.

4
KUCHEN
ZUBEREITUNGSZEIT
20 MINUTEN
BACKZEIT
30 MINUTEN

Angel cake

FÜR JEDEN DER DREI EINGEFÄRBTEN TEIGE

30 g Mehl
50 g Zucker
2 Eiweiß, zimmerwarm
einige Tropfen Zitronensaft
1 Msp. rote, grüne bzw. rosa Lebensmittelfarbe (Gel)
Salz

ZUM DEKORIEREN

kleine Ostereier aus Schokolade und Zucker

▸ Den Backofen auf 160 °C vorheizen.

▸ Die drei verschiedenen Teige auf die gleiche Art zubereiten. Das Mehl und 30 g Zucker in eine Schüssel sieben und mit 1 Prise Salz vermischen. Die Eiweiße mit dem Handrührgerät in einer großen Schüssel schaumig rühren.

Ostern

Den Zitronensaft sowie die jeweilige Lebensmittelfarbe hinzufügen und dann auf höchster Stufe steif schlagen. Sobald die Masse an Volumen gewinnt, den Rest des Zuckers langsam einrieseln lassen und weiterschlagen, bis der Eischnee zu glänzen beginnt.

▸ Mit einem Schneebesen die trockenen Zutaten nacheinander in drei gleichen Portionen mit langsamen, fließenden Bewegungen vorsichtig unterheben. Nicht schlagen, sonst fällt der Eischnee zusammen.

▸ Die drei Teige mit einem Esslöffel nacheinander in die Backformen füllen und darauf achten, dass sich die Teigschichten nicht miteinander vermischen. Nach dem Einfüllen jeder Teigschicht die Formen leicht auf die Arbeitsfläche aufklopfen, sodass überschüssige Luft entweichen kann. So bekommen die Angel Cakes eine glatte Oberfläche und eine randscharfe Kante. Luftblasen mit einem Holzstäbchen anstechen.

▸ Die Angel Cakes im vorgeheizten Backofen auf der untersten Schiene 30 Minuten backen. Die Kuchen sind fertig, wenn sie auf leichten Fingerdruck in ihre ursprüngliche Form zurückgehen. Je nach Größe der verwendeten Backformen kann die Backzeit etwas länger sein.

▸ Die fertigen Angel Cakes aus dem Ofen nehmen, die Formen umgedreht auf einem Kuchengitter erkalten lassen. Die Kuchen mit einem spitzen Messer vom Rand lösen und aus den Backformen nehmen. Jeden Angel Cake mit Ostereiern dekorieren.

4
KUCHEN
ZUBEREITUNGSZEIT
20 MINUTEN
BACKZEIT
30 MINUTEN

Angel cake

90 g Mehl
150 g Zucker
1 TL gemahlene Vanille
6 Eiweiß, zimmerwarm
1 TL Zitronensaft
1 EL Orangenblütenwasser
Salz

FÜR DIE SAHNECREME
250 g Sahne, gut gekühlt
1 Msp. grüne Lebensmittelfarbe (Gel)
1 EL Puderzucker
1 TL Orangenblütenwasser

Orangenblüten

▸ Den Backofen auf 160 °C vorheizen.

▸ Das Mehl und die Hälfte des Zuckers in eine Schüssel sieben. Mit 1 Prise Salz und der Vanille vermischen. Die Eiweiße mit dem Handrührgerät in einer großen Schüssel schaumig rühren. Zitronensaft und Orangenblütenwasser hinzufügen und dann auf höchster Stufe steif schlagen. Sobald die Masse an Volumen gewinnt, den Rest des Zuckers langsam einrieseln lassen und weiterschlagen, bis der Eischnee zu glänzen beginnt.

▸ Mit einem Schneebesen die trockenen Zutaten nacheinander in drei gleichen Portionen mit langsamen, fließenden Bewegungen vorsichtig unterheben. Nicht schlagen, sonst fällt der Eischnee zusammen.

▸ Den Teig mit einem Esslöffel in die Backformen bis knapp unter die Oberkante füllen. Die Formen leicht auf die Arbeitsfläche aufklopfen, sodass überschüssige Luft entweichen kann und eine glatte Oberfläche entsteht. Luftblasen mit einem Holzstäbchen anstechen.

▸ Die Angel Cakes im vorgeheizten Backofen auf der untersten Schiene 30 Minuten backen. Die Kuchen sind fertig, wenn sie auf leichten Fingerdruck in ihre ursprüngliche Form zurückgehen. Je nach Größe der verwendeten Backformen kann die Backzeit etwas länger sein. Die fertigen Angel Cakes aus dem Ofen nehmen, die Formen umgedreht auf einem Kuchengitter erkalten lassen. Die Kuchen mit einem spitzen Messer vom Rand lösen und aus den Backformen nehmen.

▸ Für die Sahnecreme die Sahne mit dem Handrührgerät in einer gut gekühlten Schüssel aufschlagen und die Lebensmittelfarbe hineingeben. Sobald die Sahne beginnt, an Volumen zuzunehmen, den Puderzucker sowie das Orangenblütenwasser hinzufügen und dabei weiterschlagen, bis die Sahne steif ist.

▸ Die Angel Cakes mit der Sahnecreme und Dekorzucker, z. B. Blumen, verzieren.

4

KUCHEN
ZUBEREITUNGSZEIT
20 MINUTEN
BACKZEIT
30 MINUTEN

Angel cake

90 g Mehl
150 g Zucker
1 TL gemahlene Vanille
6 Eiweiß, zimmerwarm
1 TL Zitronensaft
Salz

FÜR DIE BUTTERCREME
100 g Butter, weich
1 Msp. rosa Lebensmittelfarbe (Gel)
1 TL Vanilleextrakt
190 g Puderzucker

ZUM DEKORIEREN
4 frische oder eingelegte Walderdbeeren

▶ Den Backofen auf 160 °C vorheizen.

▶ Das Mehl und die Hälfte des Zuckers in eine Schüssel sieben. Mit 1 Prise Salz und der Vanille vermischen. Die Eiweiße mit dem Handrührgerät in einer großen Schüssel schaumig rühren. Den Zitronensaft hinzufügen und dann auf höchster Stufe steif schlagen. Sobald die Masse an Volumen gewinnt, den Rest des Zuckers langsam einrieseln lassen und weiterschlagen, bis der Eischnee zu glänzen beginnt.

▶ Mit einem Schneebesen die trockenen Zutaten nacheinander in drei gleichen Portionen mit langsamen, fließenden Bewegungen vorsichtig unterheben. Nicht schlagen, sonst fällt der Eischnee zusammen.

Schichttörtchen

▶ Den Teig mit einem Esslöffel in die Backformen bis knapp unter die Oberkante füllen. Die Formen leicht auf die Arbeitsfläche aufklopfen, sodass überschüssige Luft entweichen kann und eine glatte Oberfläche entsteht. Luftblasen mit einem Holzstäbchen anstechen.

▶ Die Angel Cakes im vorgeheizten Backofen auf der untersten Schiene 30 Minuten backen. Die Kuchen sind fertig, wenn sie auf leichten Fingerdruck in ihre ursprüngliche Form zurückgehen. Je nach Größe der verwendeten Backformen kann die Backzeit etwas länger sein.

▶ Die fertigen Angel Cakes aus dem Ofen nehmen, die Formen umgedreht auf einem Kuchengitter erkalten lassen. Die Kuchen mit einem spitzen Messer vom Rand lösen und aus den Backformen nehmen. Jeden Angel Cake waagrecht in drei gleich große Schichten schneiden.

▶ Für die Buttercreme die Butter mit dem Handrührgerät in einer Schüssel schaumig rühren. Die Lebensmittelfarbe und den Vanilleextrakt hinzufügen. Den Puderzucker nach und nach in die Schüssel sieben und dabei weiterrühren. Falls die Creme zu fest ist, mit 1 EL lauwarmem Wasser geschmeidig rühren.

▶ Auf die untere Schicht eines Angel Cakes etwas Buttercreme geben, diese mit einem Teigspatel glatt streichen und die mittlere Kuchenschicht aufsetzen. Wieder etwas von der Buttercreme daraufgeben und ebenfalls glatt streichen. Jetzt die dritte Kuchenschicht auflegen und auch diese mit einer dünnen Schicht Buttercreme bestreichen. Die anderen Angel Cakes auf die gleiche Art fertigstellen. Jeden Kuchen mit einer Walderdbeere dekorieren.

4 PORTIONEN

ZUBEREITUNGSZEIT
20–25 MINUTEN

BACKZEIT
20–25 MINUTEN

Angel cake

90 g Mehl
150 g Zucker
1 TL gemahlene Vanille
6 Eiweiß, zimmerwarm
1 TL Zitronensaft
100 g Himbeermarmelade
Salz

▶ Den Backofen auf 160 °C vorheizen.

Marmeladenrolle

▶ Das Mehl und die Hälfte des Zuckers in eine Schüssel sieben. Mit 1 Prise Salz und der Vanille vermischen. Die Eiweiße mit dem Handrührgerät in einer großen Schüssel schaumig rühren. Den Zitronensaft hinzufügen und dann auf höchster Stufe steif schlagen. Sobald die Masse an Volumen gewinnt, den Rest des Zuckers langsam einrieseln lassen und weiterschlagen, bis der Eischnee zu glänzen beginnt.

▶ Mit einem Schneebesen die trockenen Zutaten nacheinander in drei gleichen Portionen mit langsamen, fließenden Bewegungen vorsichtig unterheben. Nicht schlagen, sonst fällt der Eischnee zusammen.

▶ Ein Backblech mit Backpapier auslegen. Den Teig vorsichtig daraufgeben und mit einem Teigspatel gleichmäßig verstreichen. Das Backblech leicht auf die Arbeitsfläche aufklopfen, sodass überschüssige Luft entweicht. Den Teigboden im Backofen auf der untersten Schiene 20–25 Minuten backen. Er sollte möglichst hell bleiben und auf leichten Fingerdruck in seine ursprüngliche Form zurückgehen.

▶ Den fertigen Teigboden aus dem Backofen nehmen und auf ein ausgebreitetes sauberes Geschirrtuch stürzen. Das Backblech abheben, das Backpapier abziehen und die Teigplatte mithilfe des Geschirrtuchs aufrollen und abkühlen lassen.

▶ Sobald er erkaltet ist, den Teigboden wieder ausrollen, mit Himbeermarmelade gleichmäßig bestreichen und wieder einrollen. Zum Servieren die Himbeerrolle am besten mit einem Sägemesser in vier gleich große Stücke schneiden.

Angel cake Blutorangen

4
KUCHEN

ZUBEREITUNGSZEIT
20 MINUTEN

BACKZEIT
30 MINUTEN

90 g Mehl
75 g Zucker
6 Eiweiß, zimmerwarm
2 EL Blutorangensaft
1 Msp. orange Lebensmittelfarbe (Gel)
Salz

FÜR DIE FRISCHKÄSECREME
80 g Frischkäse
50 g Puderzucker

FÜR DEN BLUT-ORANGENSAFTÜBERZUG
2 EL Blutorangensaft
50 g Puderzucker
1 Msp. orange Lebensmittelfarbe (Gel)
1 Msp. rote Lebensmittelfarbe (Gel)

▸ Den Backofen auf 160 °C vorheizen.

▸ Das Mehl und die Hälfte des Zuckers in eine Schüssel sieben und mit 1 Prise Salz vermischen. Die Eiweiße mit dem Handrührgerät in einer großen Schüssel schaumig rühren. Blutorangensaft und Lebensmittelfarbe hinzufügen und dann auf höchster Stufe steif schlagen. Sobald die Masse an Volumen gewinnt, den Rest des Zuckers langsam einrieseln lassen und weiterschlagen, bis der Eischnee zu glänzen beginnt.

▸ Mit einem Schneebesen die trockenen Zutaten nacheinander in drei gleichen Portionen mit langsamen, fließenden Bewegungen vorsichtig unterheben. Nicht schlagen, sonst fällt der Eischnee zusammen.

▸ Den Teig mit einem Esslöffel in die Backformen bis knapp unter die Oberkante füllen. Die Formen leicht auf die Arbeitsfläche aufklopfen, sodass überschüssige Luft entweichen kann und eine glatte Oberfläche entsteht. Luftblasen mit einem Holzstäbchen anstechen.

▸ Die Angel Cakes im vorgeheizten Backofen auf der untersten Schiene 30 Minuten backen. Die Kuchen sind fertig, wenn sie auf leichten Fingerdruck in ihre ursprüngliche Form zurückgehen. Je nach Größe der verwendeten Backformen kann die Backzeit etwas länger sein. Die fertigen Angel Cakes aus dem Ofen nehmen, die Formen umgedreht auf einem Kuchengitter erkalten lassen. Die Kuchen mit einem spitzen Messer vom Rand lösen und aus den Backformen nehmen.

▸ Für die Frischkäsecreme den Frischkäse mit dem Handrührgerät in einer Schüssel aufschlagen und dabei möglichst viel Luft einarbeiten. Den Puderzucker nach und nach in die Schüssel sieben und dabei weiterschlagen. Die Frischkäsecreme in einen Spritzbeutel oder eine Teigspritze füllen, eine Sterntülle aufsetzen und jeden Angel Cake verzieren. Den Blutorangensaft mit dem Puderzucker und den Lebensmittelfarben verrühren und über die Angel Cakes träufeln.

4
PORTIONEN
ZUBEREITUNGSZEIT
10 MINUTEN
BACKZEIT
10 MINUTEN

Angel cake

4 Angel Cakes Biskuits
(s. S. 12)
2 Eier
¼ l Milch
1 Pck. Vanillezucker
25 g Butter

ZUM DEKORIEREN
Zucker

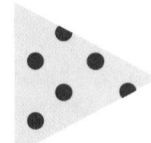

Arme Ritter

▸ Die Angel Cakes in große Würfel schneiden.

▸ Eier, Milch und Vanillezucker in einer Schüssel mit einer Gabel verquirlen.

▸ Die Angel-Cake-Würfel in die Schüssel geben und so lange in der Eier-Milch-Mischung wenden, bis alle Seiten mit der Eiermilch bedeckt sind.

▸ Die Hälfte der Butter in einer Pfanne zerlassen. Die Hälfte der Angel-Cake-Würfel bei mittlerer Temperatur von allen Seiten goldbraun backen, aus der Pfanne nehmen und warmhalten.

▸ Die restliche Butter in die Pfanne geben und die andere Hälfte der Angel-Cake-Würfel auf die gleiche Art zubereiten.

▸ Die Angel-Cake-Würfel mit Zucker bestreuen und servieren.

4
PORTIONEN
ZUBEREITUNGSZEIT
10 MINUTEN

Angel cake Trifle

4 Angel Cakes Biskuits
(s. S. 12)
250 g Sahne, gekühlt
150 g Quark
abgeriebene Schale von
½ unbehandelten Zitrone
50 g Zucker

ZUM DEKORIEREN
6 reife Feigen
4 EL Feigenmarmelade

▲ Eine Schüssel und die Quirlaufsätze eines Handrührgeräts im Gefrierschrank oder -fach gut kühlen, um das Zubereiten der Sahne zu vereinfachen.

▲ Die Angel Cakes in kleine Würfel schneiden.

▲ Die Sahne in der vorgekühlten Schüssel sehr steif schlagen.

▲ Die Zitronenschale und den Zucker in einer kleinen Küchenmaschine vermischen. Den aromatisierten Zucker in den Quark einrühren und diesen vorsichtig unter die Sahne heben.

▲ Die Creme auf vier Schalen verteilen.

▲ Die Feigen waschen und vierteln. Die Angel-Cake-Würfel und die Feigenviertel in die Schalen füllen und jeweils mit 1 EL Feigenmarmelade beträufeln.

© 2015 DER FRANZÖSISCHEN ORIGINALAUSGABE ÉDITIONS LAROUSSE
TITEL DER FRANZÖSISCHEN ORIGINALAUSGABE: ANGEL CAKES

VERLAGSLEITUNG: ISABELLE JEUGE-MAYNART UND GHISLAINE STORA
REDAKTIONSLEITUNG: AGNÈS BUSIÈRE
REDAKTION: ÉMILIE FRANC
DESIGN UND LAYOUT: ÉLÉONORE GERBIER
UMSCHLAGGESTALTUNG: ÉMILIE LAUDRIN
HERSTELLUNG: DONIA FAIZ

ALLE RECHTE DER VERBREITUNG, AUCH DURCH FILM, FUNK, FERNSEHEN, FOTOMECHANISCHE WIEDERGABE, TONTRÄGER ALLER ART, AUSZUGSWEISEN NACHDRUCK ODER EINSPEICHERUNG UND RÜCKGEWINNUNG IN DATENVERARBEITUNGSANLAGEN ALLER ART, SIND VORBEHALTEN.
DIE INHALTE DIESES BUCHES SIND VON AUTORIN UND VERLAG SORGFÄLTIG ERWOGEN UND GEPRÜFT, DENNOCH KANN EINE GARANTIE NICHT ÜBERNOMMEN WERDEN. EINE HAFTUNG VON AUTORIN UND VERLAG FÜR PERSONEN-, SACH- UND VERMÖGENSSCHÄDEN IST AUSGESCHLOSSEN.

© DER DEUTSCHSPRACHIGEN AUSGABE 2016
FACKELTRÄGER VERLAG GMBH, KÖLN
EMIL-HOFFMANN-STRASSE 1
D-50996 KÖLN

ÜBERSETZUNG AUS DEM FRANZÖSISCHEN: SUSANNE KRAUS, KOLBERMOOR
REDAKTION: SUSANNE KRAUS, OLIVER MAUTE, MCP CONCEPT
SATZ: MCP CONCEPT, KOLBERMOOR
UMSCHLAGGESTALTUNG: DIRK WAGNER, WAGNER REXIN GESTALTUNG, STUTENSEE
PROJEKTLEITUNG: SVENJA K. SAMMET
GESAMTHERSTELLUNG: FACKELTRÄGER VERLAG GMBH, KÖLN

ISBN 978-3-7716-4633-2
PRINTED IN SPAIN

WWW.FACKELTRAEGER-VERLAG.DE